NORIO FUKUSHI
GRAY OF GRAY

福士則夫

グレイ・オブ・グレイ

zen-on music

この作品は1987年、吉原すみれの委嘱によりサントリーホールオープニング記念コンサートのために作曲されたものである。

　この作品の中でしばしば現れる長2度の音響はもともとメシアンの《移調の限られた旋法》のモードが応用されたものだが、更に刺激的、攻撃的な連続使用は楽器の特性でもある倍音を伴いながら、異常な聴覚体験を引き起こすであろう。また、2オクターブにわたるベル・シンバルはあくまでも透明であり、その残響の処理は常に注意が必要となる。集合音に至る持続が、その後どのような結果を引き起こすか、いくつかの自然な、あるいは意外な道筋が考えられるが、減衰のひとつの方法としてマレットや指や手のひらによる特定の音の消去が残響そのものを変質させる担い手となる。

　音響を発生させる原理に深く関わるのは作曲者として自明のことであるが、同時に消えゆく音たちを積極的に見つめ直すことも私にとって重要な創作の原点である。このことは邦楽の世界に於て箏曲の奏法に、おし手、おし放し、つきいろ、ひきなどいくつかの方法があるが、発音されたあとの味わいを楽しむ音色変化がヒントのひとつとなっている。

初演：1987年2月3日　サントリー小ホール「吉原すみれ サントリーホールオープニング記念コンサート」

改訂：1987年9月

記号と奏法

臨時記号は一音符についてのみ有効。ただし連続される音はこの限りではない。

短い矢印→は徐々に、を示す。

⁝ はSenza tenpoを示す。

♪ は比較的ゆっくりとした、♪ は可能な限り速い装飾音を意味する。

l.v. ＝laissez vibrato

n.v. ＝non vibrato

ét. ＝étouffez

フェルマータの序列は 𝄐 𝄐 𝄐 𝄐 𝄐 とする。

🥢 ，🥢 ，🥢 ，🥢 ，🥢 はそれぞれ柔らかい、普通、やや硬い、非常に硬い、ゴム製のマレットを示す。

奏法上の注意

☆1） ▭ は可能な限り速く。

☆2） ▭ ，▭ はそれぞれ accel. rit. の意味である。

☆3） あらかじめ鍵盤にセロテープでコインを張りつけておく。

☆4） 記譜された順序に従って響きを止める。

☆5） 藤の全てを密着させて打つ。

☆6） 左手二本バチによるトレモロ。

☆7） 白鍵のトレモロによる gliss。

☆8） 任意に音の順序を入れ替え非周期的に。

SINGS and METHODS of RENDITION

Accidental effects only one note at a time, however, a sequence of notes is excepted from this rule.
The short arrow （→） signifies gradually.

⁝ signify Senza tempo.

♪ signifies comparatively slow decorative sound, while ♪ signifies note fast as possible.

l.v. ＝laissez vibrato

n.v. ＝non vibrato.

ét. ＝étouffez.

Order of Fermata is as follows: 𝄐 𝄐 𝄐 𝄐 𝄐

🥢 ，🥢 ，🥢 ，🥢 ，🥢 : these signs indicate soft, normal, a little hard, very hard and rubber sticks.

REMARKS on the methods of rendition

☆1） ▭ indicates to play fast as possible.

☆2） ▭ ，▭ indicate the accel. rit.

☆3） Attach the coin, in advance, on the keyboard with scotch tape.

☆4） Stop the sound according to the musical notation.

☆5） Beat the keyboard joining all rattans firmly.

☆6） Play Tremolo with two sticks in left hand.

☆7） Play Tremolo of white keys, glissando.

☆8） Play irregularly, replacing the order of notes at will.

GRAY of GRAY

Norio Fukushi

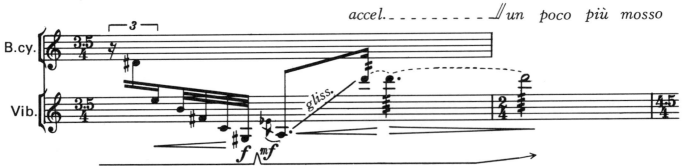

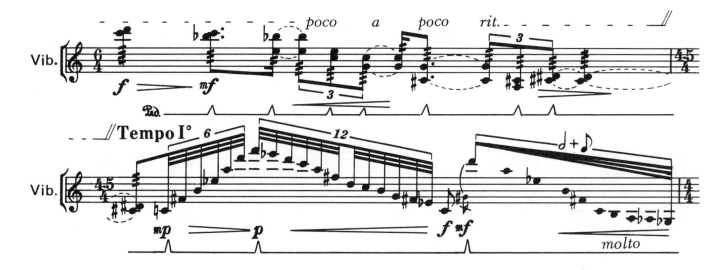

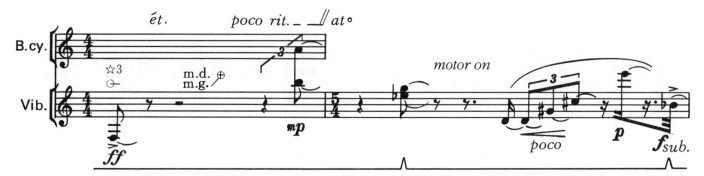

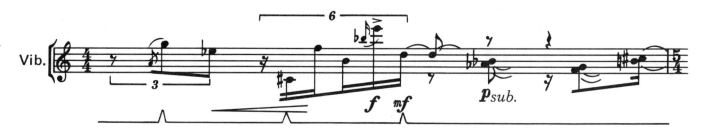

6

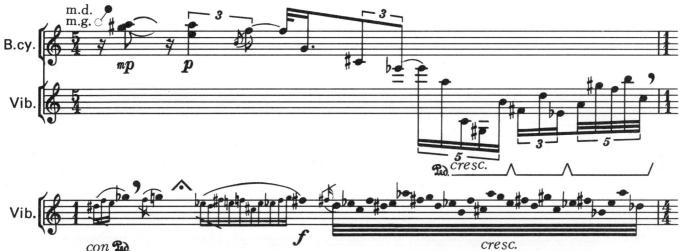

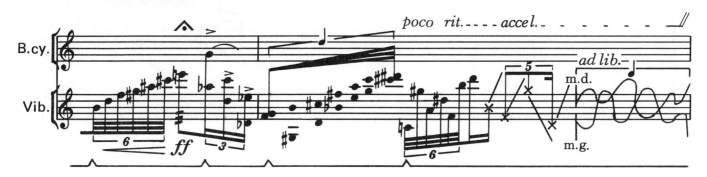

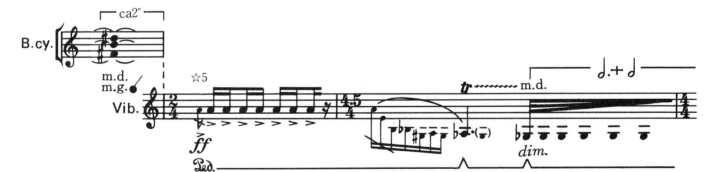

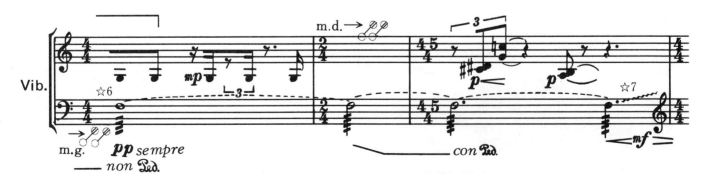

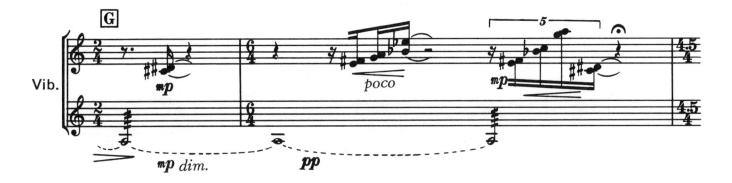

Piu mosso (Tempo II°)

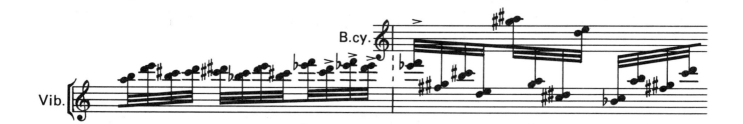

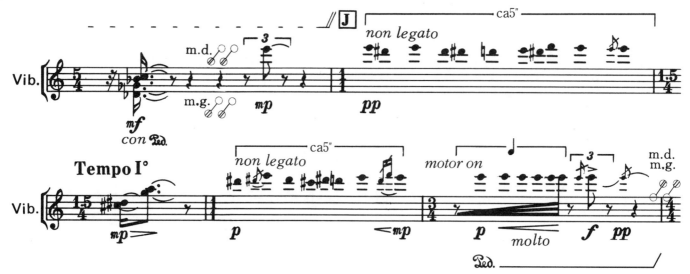

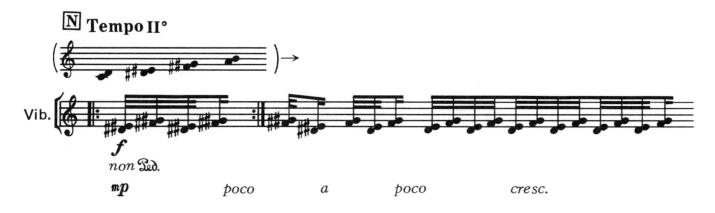

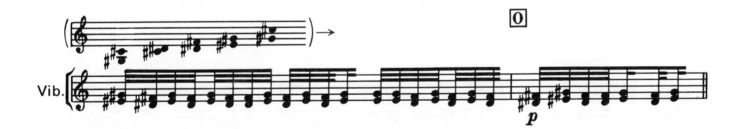

14

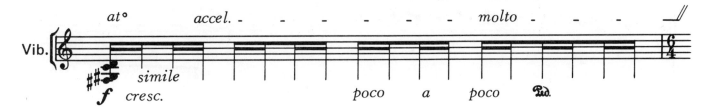

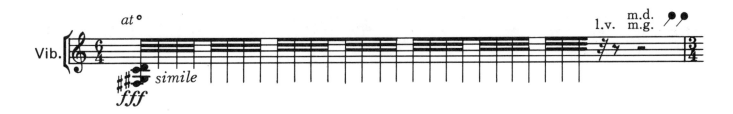

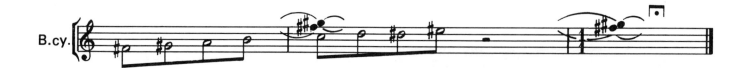